CULTIVAR EL DIÁLOGO

Cuando buscamos el diálogo nos proponemos conocer
a otras personas y que ellas nos conozcan; tendemos
puentes que nos unen a ellas, que nos comunican.
El diálogo es intercambio de ideas, de opiniones,
de experiencias; pero también es comunicación de
sentimientos. El diálogo es la base de toda relación social,
desde la que existe entre dos personas hasta la que
mantienen los pueblos y las naciones entre sí.
¡Cuántas cosas hace posible el diálogo!
Decir nuestras verdades, escuchar las de los otros,
pensar juntos, compartir sentimientos
y llegar a verdades comunes.
Establezcamos ahora un diálogo acerca del diálogo.

Una verdad compartida es mucho
más que eso, es haber hallado el punto de encuentro.

Stendhal (1783-1842), escritor francés

El arte de decir y de escuchar

A la hora en que despertamos, tal vez antes de cepillarnos los dientes, lo primero que decimos es "¡Buen día!", a mamá, a papá, a nuestros hermanos… Llegamos a la escuela y damos nuestro saludo, que puede ser otro "¡buen día!" o un "¡hola!" o un "¡qué tal!". Y en estas pocas palabras, con las que empezamos un día cualquiera de nuestra vida, ya está la promesa de un diálogo. Porque, seguramente, nos contestarán con otro saludo, y a través del tono de voz con que decimos esas palabras, del sentimiento que ponemos al hacerlo, de la mirada que dirigimos o del gesto que empleamos -levantando la mano o tocando a quien nos dirigimos-, expresamos nuestra disposición al diálogo o nuestro interés por el otro. De esta manera repetimos uno de los actos más antiguos y a la vez nuevos que efectúa el hombre desde que el mundo es mundo.

¿Por qué "más antiguo" y a la vez "nuevo"? Antiguo, porque, a través del diálogo y mediante las palabras, el hombre comenzó a nombrar a los seres y a describir el mundo; y nuevo, porque el conocimiento del mundo se actualiza y renueva todos los días. Y, aunque las palabras sean antiguas, siempre pueden revelarnos cosas nuevas, al margen de si las decimos nosotros o las escuchamos del otro con quien dialogamos. Porque para dialogar es necesario escuchar.

Muchas veces no se llega a establecer el diálogo con el otro porque no se encuentra una respuesta. Pero el diálogo sigue siendo posible y necesario. Las palabras son el medio que tenemos para decir nuestras verdades… Y cuando existe un intercambio de verdades se produce el "diálogo fecundo", del cual surgirá una verdad compartida.

¿Qué es dialogar?

Cuando dialogamos realmente, aceptamos la posibilidad de que nuestras creencias, certezas y convicciones, aquellas cosas que para nosotros son verdades indudables puedan no ser ciertas. Con esta incertidumbre momentánea nos abrimos a la verdad del otro con una actitud receptiva, para juzgar y decidir sólo después de haber escuchado. El diálogo necesita de la misma disposición y buena fe por parte de todos los que participan de él. Podemos decir que dialogar es pensar juntos, es descubrir la verdad del otro y exponerle la nuestra para que la considere. Es dejar de lado nuestros prejuicios, que son las ideas que teníamos antes de disponernos a dialogar, porque los *prejuicios suelen ser una forma de sordera.*

Si subestimamos a otro porque es diferente de nosotros y lo juzgamos por su apariencia, por lo que suponemos de él, por las ideas que le adjudicamos, no escucharemos lo que efectivamente puede decirnos; ni las razones que puede dar para explicar sus acciones o su modo de pensar.

Así, pues, el diálogo nos permite conocer y que nos conozcan. Y de este mutuo conocimiento nacerá un acuerdo, una verdad que ya no será individual sino compartida.

Al hacer posible un conocimiento auténtico del otro, el diálogo es un instrumento esencial para la convivencia.

Conversando en familia

Era la hora de la cena. Matías se disponía a saborear su comida predilecta, pero sin apartar la vista del televisor, porque el programa que había comenzado a ver lo tenía atrapado.

-¿Cómo te fue hoy en la escuela? -preguntó su papá.

-Espera un poquito; cuando pasen los avisos te cuento.

Al rato se produjo el corte y Matías comenzó a contar:

-La maestra nos habló del diálogo, pero no del diálogo escrito. Eso ya lo enseñó otro día, cuando nos explicó cómo se colocan los signos de puntuación y todas esas cosas. Hoy nos habló de la importancia de la conversación. Nos dijo que la gente se entiende hablando, dialogando.

-Eso me interesa mucho -dijo su padre-; sigue contándonos.

-Después nos dio un tema para debatir. Elegimos entre todos un moderador y comenzamos la discusión.

-¿Qué hacía en tanto la maestra? -quiso saber la madre de Matías.

-Nos escuchaba mientras manejaba el grabador..., porque quería que, al finalizar el debate, oyéramos la grabación. Cada uno fue dando su opinión, pero Gustavo y Federico fueron los que más se acaloraron. Cuando Gustavo todavía no había terminado de hablar, Federico lo interrumpía para decirle que estaba equivocado y que las cosas eran "así y así"; pero Gustavo, sin escucharlo, volvía a repetir lo que había dicho antes. ¡Armaron un estrépito!

-¡Bueno, bueno!, mamá y yo estamos ansiosos por saber cómo terminó la cosa.

-Terminó en forma muy graciosa, porque, después del debate, la maestra nos hizo escuchar todo lo que dijimos. Cuando apagó el grabador, Gustavo y Federico estaban muertos de vergüenza.

-Claro, por el estrépito.

-No, mamá, fue algo peor. Resulta que después de escuchar la grabación se dieron cuenta de que discutieron y discutieron, pero... ¡los dos estaban diciendo lo mismo! Entonces la maestra explicó que lo que les había pasado a ellos sucede en muchas discusiones: hay personas que, ocupadas en pensar lo que van a decir apenas el otro se calle, no escuchan lo que les dicen. Es así que dos personas pueden discutir sin darse cuenta de que están diciendo lo mismo.

-Federico y Gustavo, sin proponérselo, ayudaron a la maestra a darles un excelente ejemplo, ¿no te parece, Matías?

-Sí, es cierto, papá... ¡Oh! ¡charlando con ustedes me olvidé del programa que estaba viendo!; ya están anunciando el siguiente.

-Es que durante el día son pocos los momentos en que podemos conversar los tres juntos -dijo la madre.

-Hablando de diálogo y de todas esas cosas tan importantes que trataron hoy en la escuela, ¿qué te parece Matías...?

-Sí, papá, te entiendo; desde hoy, antes de comenzar a cenar, apagaremos el televisor. ¡Es tan lindo dialogar con ustedes!

El diálogo entre padres e hijos es fundamental para la convivencia familiar, pues estrecha los lazos entre los miembros del grupo, favorece el desarrollo de los niños y los prepara para resolver los problemas en forma más racional y madura.

Un maestro del diálogo

Sócrates, uno de los más grandes filósofos de la historia, jamás escribió un libro sino que difundió sus enseñanzas dialogando con sus discípulos.

Sócrates decía que el diálogo era no sólo una herramienta para transmitir el conocimiento, sino el medio fundamental para su adquisición. Cuando dialogaba con sus discípulos, solía adoptar el papel del ignorante, para que ellos expusieran lo que supuestamente sabían. Por medio de hábiles preguntas, demostraba que lo que se tenía por seguro no era más que un saber aparente que había que dejar de lado, para arribar a definiciones ciertas, que permitieran alcanzar un saber verdadero.

En sus diálogos -que nos transmitieron dos de sus discípulos más famosos: Platón y Jenofonte-, Sócrates, que era hijo de una partera, se proponía "dar a luz a la Verdad", hacerla nacer mediante el diálogo (incluso con uno mismo).

La verdad nace del diálogo con los demás e incluso con uno mismo. Y de la verdad nacen la armonía, la convivencia y la paz.

Diálogo a distancia

Los avances técnicos han permitido que la distancia no sea un obstáculo insalvable para la comunicación. Hoy, si queremos comunicarnos con un familiar o un amigo que vive en otra ciudad o en otro país, podemos hacerlo telefónicamente y hablar con él casi como si estuviera enfrente de nosotros; podemos mandarle un telegrama o escribirle una carta que sólo tardará unos días en llegar. Todo esto, que hoy es natural, antes era mucho más difícil: la gente sólo podía comunicarse por carta y debía esperar semanas y hasta meses para recibir la respuesta a sus mensajes. La rapidez de las comunicaciones hace posible el progreso de la civilización, porque el intercambio de información y de conocimientos enriquece a los pueblos.

Actualmente las noticias sólo tardan unas horas en difundirse por el mundo. Encendemos la radio o la televisión, o leemos el diario y nos enteramos de los sucesos de mayor importancia que se han producido durante el día.

Esta información nos ayuda a comprender a pueblos que viven muy distantes de nosotros, porque nos permite estar enterados de su realidad y de sus circunstancias.

Los medios de difusión también pueden propiciar el diálogo. Por ejemplo, existen programas radiales en los que los oyentes pueden comunicarse por teléfono, por carta o por correo electrónico *(e-mail),* de modo que sus opiniones son escuchadas por el resto de la audiencia. En la televisión, a veces, se establecen convenios de intercambio artístico que permiten ver programas realizados en otros países, incluso muy lejanos. Esto constituye un verdadero diálogo entre culturas distintas.

El desarrollo de las comunicaciones ha creado condiciones que hacen posible un diálogo internacional, que debe servir para que las diversas culturas y pueblos alcancen un grado de comprensión mutua que haga desaparecer las guerras de la faz de la Tierra.

Garantías para un buen diálogo

Para que exista el diálogo es necesario que se cumplan ciertas condiciones, como hemos visto.

Además de la disposición y buena fe con que vamos a dialogar, también son importantes el momento y la oportunidad que elegimos, tanto en el caso de las personas como en el de los pueblos. ¿Buscamos juntos los caminos que nos conducen al diálogo? Las palomas nos ayudarán…, y también, claro, tu opinión. ¿Te animas a escribirla? ¡Entonces sí que habrá diálogo!

El diálogo es búsqueda y encuentro, es tender puentes, es fiesta de comunión, es dejar las armas para último momento..., que se decide que no llegará nunca; es volverse un hombre hacia otro hombre, un pueblo hacia otro pueblo, una raza hacia otra raza; es volverse el presente incomprensible hacia el futuro esperanzado.

Antonio Alonso Alonso

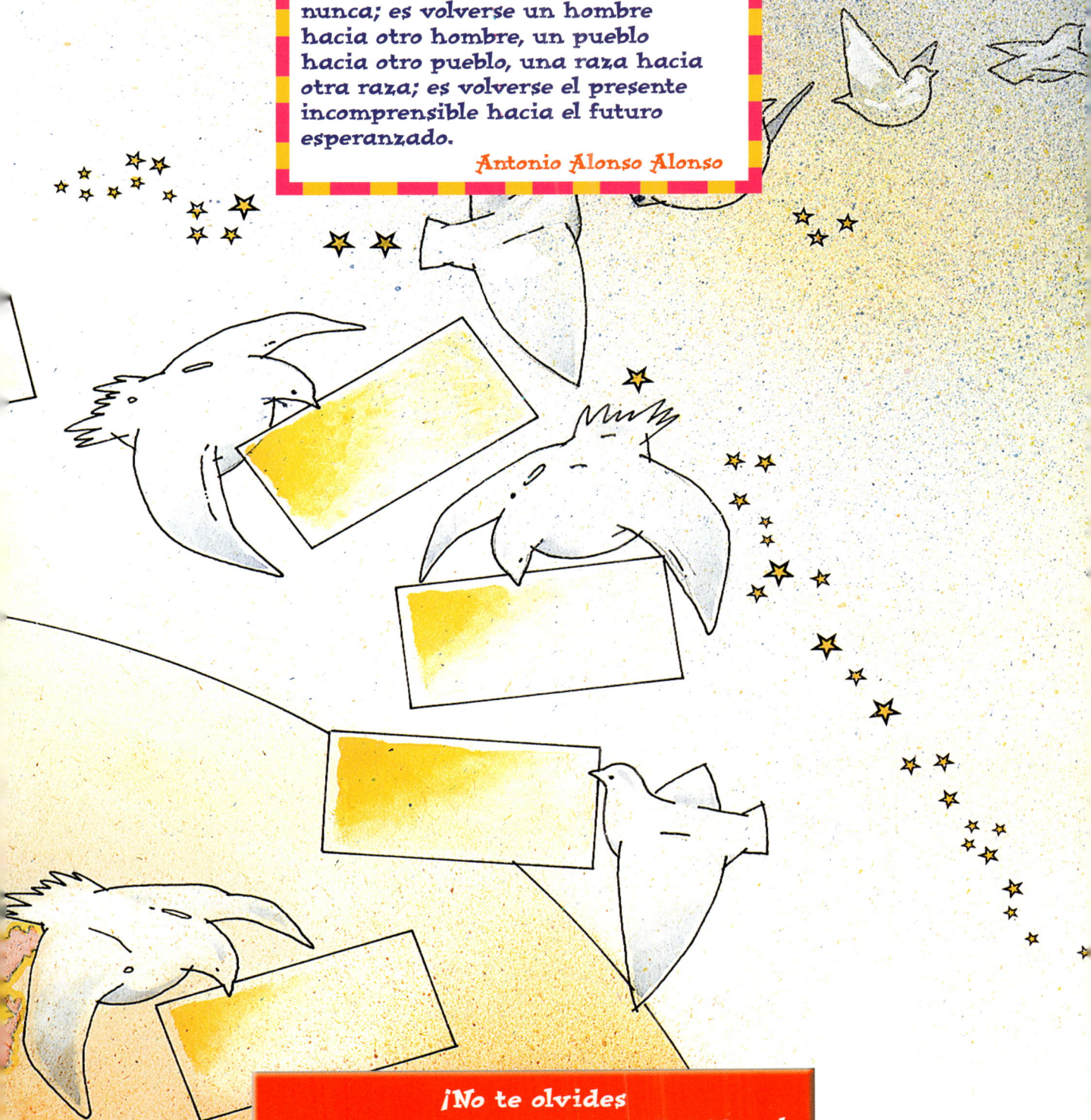

¡No te olvides de hacer tu contribución al diálogo!

La disputa por señas

(CUENTO)

Cierto día los romanos, que carecían de leyes para su gobierno, fueron a pedirlas a los griegos, que sí las tenían. Éstos les respondieron que no merecían poseerlas, ni las podrían entender, puesto que su saber era tan escaso. Pero que si insistían en conocer y usar estas leyes, antes les convendría disputar con sus sabios, para ver si las entendían y merecían llevarlas. Dieron como excusa esta gentil respuesta.

Respondieron los romanos que aceptaban de buen grado y firmaron un convenio para la discusión. Como no entendían sus respectivos lenguajes, se acordó que debatiesen por señas y fijaron públicamente un día para su realización.

Los romanos quedaron muy preocupados, sin saber qué hacer, porque no eran letrados y temían el vasto saber de los doctores griegos. Así meditaban cuando un ciudadano dijo que eligieran un campesino y que hiciera con la mano las señas que Dios le diese a entender: fue un sano consejo.

Buscaron un labriego muy astuto y le dijeron: "Tenemos un convenio con los griegos para disputar por señas: pide lo que quieras y te lo daremos, socórrenos en esta contienda".

Lo vistieron con muy ricos paños de gran valor, como si fuera doctor en filosofía. Subió a un alto estrado y dijo con fanfarronería: "De hoy en más vengan los griegos con toda su porfía". Llegó allí un griego, doctor sobresaliente, alabado y escogido entre todos los griegos. Subió a otro púlpito, ante todo el pueblo reunido. Comenzaron sus señas como se había acordado.

Se levantó el griego, sosegado, con calma, y mostró sólo un dedo, el que está cerca del pulgar; y se sentó en su sitio. Luego se levantó el rústico, bravucón y con malas pulgas, mostró tres dedos tendidos hacia el griego: el pulgar más otros dos retenidos en forma de arpón y el resto encogidos. Se sentó el necio, mirando sus vestiduras.

El griego se puso de pie, tendió la palma llana y se sentó luego plácidamente. Se paró el campesino con su vana fantasía y con porfía mostró el puño cerrado.

A todos los de Grecia dijo el sabio: los romanos merecen las leyes, no se las niego. Se retiraron todos en sosiego y paz. Gran honra proporcionó a Roma el labriego villano.

Preguntaron al griego que fue lo que dijera por señas al romano y qué le respondió éste. Dijo: "Yo dije que hay un Dios, el romano dijo que era uno en tres personas e hizo tal seña. Yo dije que todo estaba bajo su voluntad. Respondió que en su poder estábamos y dijo verdad. Cuando vi que entendían y creían en la Trinidad, comprendí que merecían leyes certeras".

Preguntaron al campesino cuáles habían sido sus ocurrencias: "Me dijo que con un dedo me quebraría el ojo: tuve gran pesar e ira. Le respondí con saña, con cólera y con indignación que yo le quebraría, ante toda la gente, los ojos con dos dedos y los dientes con el pulgar. Me dijo después de esto que le prestara atención, que me daría tal palmada que los oídos me vibrarían. Yo le respondí que le daría tal puñetazo que en toda su vida no llegaría a vengarse. Cuando vio la pelea tan despareja, dejó de amenazar a quien no le temía". Por eso dice la fábula de una sabia vieja: "No hay mala palabra si no es tomada a mal. Verá que es bien dicha si fue bien entendida".

Juan Ruiz, Arcipestre de Hita

Para pensar y recordar

La comunicación al servicio del hombre

Debemos actuar concertadamente con el objeto de que los medios de comunicación modernos contribuyan, cada vez más, al florecimiento de la libertad y a desarrollar la comprensión recíproca y el respeto mutuo entre las naciones, así como a promover en cada una de ellas el progreso general de la sociedad."

**Amadou-Mahtar M'Bow
ex Director General
de la UNESCO**

El diálogo es encuentro

No existe Yo sin Tú.
Toda vida verdadera es encuentro.
El amor es la responsabilidad
de un Yo por un Tú."

Martín Buber

actividades

Para reflexionar, debatir, expresarse, crear...
y construir un mundo mejor entre todos.

INTERPRETAMOS UNA RED CONCEPTUAL

¿Qué es el diálogo? ¿Quiénes intervienen en él? ¿Qué valores morales son necesarios en el diálogo? Traten de interpretar la siguiente **red conceptual** y seguramente hallarán algunas respuestas:

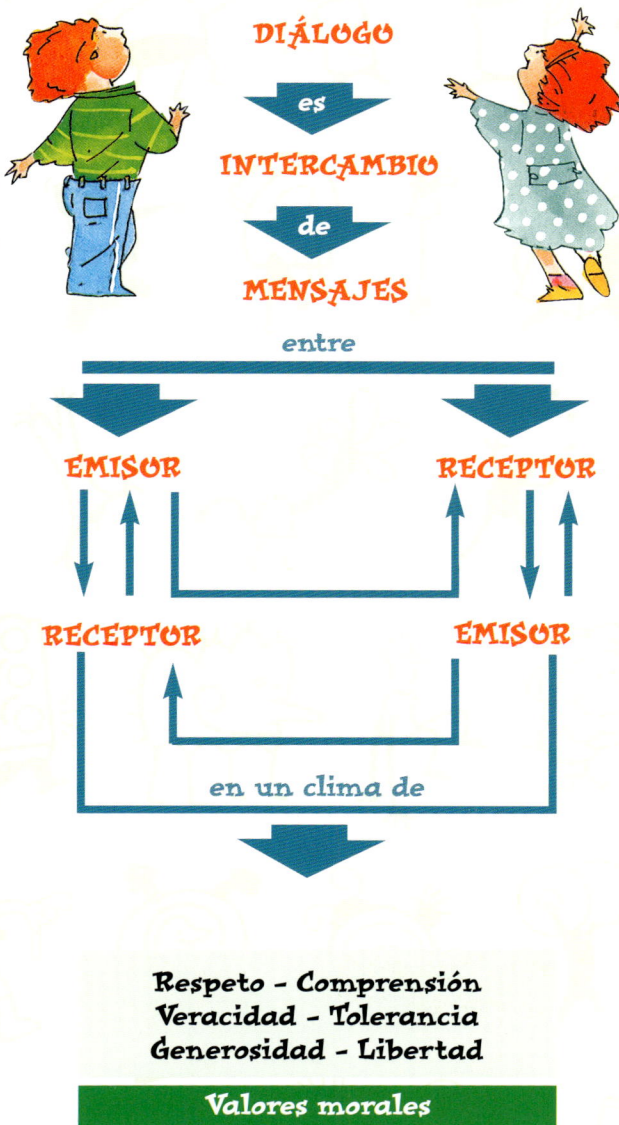

DIÁLOGO

es

INTERCAMBIO

de

MENSAJES

entre

EMISOR   RECEPTOR

RECEPTOR   EMISOR

en un clima de

Respeto - Comprensión
Veracidad - Tolerancia
Generosidad - Libertad

Valores morales

El diálogo es un intercambio de mensajes en el que intervienen dos o más personas:
- alguien que dice algo (emisor),
- y alguien que escucha (receptor).

Luego, a partir de lo que escuchó, el receptor actúa como emisor, formulando su mensaje para el otro, que ahora es receptor y lo escucha atentamente. Es decir, se trata de un ida y vuelta de decir y escuchar con respeto y tolerancia.

RELACIONES DE IDA Y VUELTA

Les proponemos formar las relaciones de ida y vuelta que se establecen al dialogar:

Damos y	encontramos
Buscamos y	escuchamos
Decimos y	somos respetados
Respetamos y	recibimos
Comprendemos y	somos escuchados
Escuchamos y	somos entendidos

EL DIÁLOGO EN LA FAMILIA

En grupo, conversen sobre el valor del diálogo en la familia, respondiendo el siguiente cuestionario:

- ¿Es importante dialogar en familia? ¿Por qué?
- ¿En qué los ayuda el diálogo?
- ¿Se puede dialogar en un ambiente de violencia? ¿Por qué?
- ¿En qué otras circunstancias se hace difícil el diálogo?
- ¿Cuál es el clima ideal para dialogar entre dos o más personas?

- ¿Quién o quiénes se benefician con el diálogo?
- ¿Se puede dialogar sin escuchar? ¿Por qué?

cuenten en qué momento del día habitualmente dialogan con miembros de su familia.

señalen alguna ocasión en la que ustedes se negaron al diálogo.

redacten una iniciativa personal para favorecer el diálogo en la familia (por ejemplo, apagar el televisor durante las comidas).

EL DIÁLOGO EN LA ESCUELA

PARA QUE EL DIÁLOGO SEA FECUNDO NO DEBEMOS DEJARNOS LLEVAR POR SUPOSICIONES O PREJUICIOS QUE NOS HACEN SORDOS A LAS RAZONES DEL OTRO

Les proponemos reflexionar y debatir en grupo las siguientes cuestiones:
- ¿Son capaces de escuchar, comprender y acercarse a los demás?
- Si alguien sufre cierta forma de aislamiento, ¿cuáles les parece que pueden ser las causas? ¿Qué pueden hacer ustedes para favorecer la integración?

Conversen y traten de descubrir si existe algún problema que impida el diálogo fecundo entre ustedes y busquen superar el conflicto de común acuerdo.

DIFERENTES OPCIONES

Reflexionen en grupo sobre las siguientes opciones, señalando cuáles consideran que son correctas (C) y cuáles incorrectas (I), y por qué.

• En el diálogo se intercambian opiniones.	
• El diálogo admite gritos pero no insultos.	
• En el diálogo todos hablan al mismo tiempo.	
• En el diálogo sólo hay uno que habla, mientras los demás escuchan.	
• El diálogo no admite gritos ni insultos.	
• Es bueno dialogar con todos.	
• Yo no dialogo con quienes sé que no me entenderían.	
• Mis diálogos siempre terminan en pelea.	
• Yo no pierdo el tiempo dialogando con quienes tienen diferente condición social.	
• El diálogo con mis padres me hace crecer.	
• En un clima de violencia no se puede dialogar.	

ACTITUDES POSITIVAS

Divídanse en grupos y señalen tres actitudes que –a criterio del grupo– favorecen el diálogo. Luego, entre todos compartan las conclusiones de cada grupo y busquen un acuerdo.

LAS PALABRAS

Los seres humanos usamos la palabra para comunicarnos y dialogar.
Pero también, a través de la palabra podemos herir, lastimar, ofender, humillar...
Los invitamos a leer un bellísimo poema que habla precisamente de las palabras:

Tenemos palabras para vender,
palabras para comprar,
palabras para hacer palabras.
¡Busquemos juntos palabras para pensar!

Tenemos palabras para fingir,
palabras para lastimar,
palabras para hacer cosquillas.
¡Busquemos juntos palabras para soñar!

Tenemos palabras para llorar,
palabras para callar,
palabras para hacer ruido.
¡Busquemos juntos palabras para amar!

Gianni Rodari

PALABRAS, PALABRAS

Tristeza	Unión
soledad	alegría
egoísmo	amistad
discriminación	comprensión
violencia	tolerancia
droga	igualdad
mentira	justicia
injusticia	amor
hambre	solidaridad
intolerancia	compañía

Observen estas dos listas de palabras y discutan las siguientes cuestiones:
• ¿Qué diferencias encuentran entre una lista y la otra?
• ¿Qué título le pondrían a cada lista?
• ¿Qué otras palabras incluirían en estas listas?
• ¿Qué lista elegirían ustedes como adecuada para favorecer el diálogo? ¿Por qué?

ACTITUDES FRENTE AL DIÁLOGO

Reflexionen y debatan sobre cuáles de estas actitudes favorecen el diálogo y cuáles no lo favorecen:
• Juan quiere tener siempre la última palabra.
• Ana escapa de los conflictos aceptando todo lo que dicen los demás.
• Nino sabe escuchar y opina sin fanatismos.
• Tito siempre quiere tener razón en todo.
• Leo busca la aceptación de los demás, adulándolos.
• Leila respeta la opinión de los demás aunque estén en desacuerdo con ella.
• Pepe se toma todo a risa y se burla de los demás.

• Quique escucha atentamente a los demás y se esfuerza en contar sus cosas, venciendo su timidez.
• Lulú no deja hablar a nadie y siempre se adueña de la palabra.

EL TELÉFONO DESCOMPUESTO

Frecuentemente no somos claros al expresar nuestros mensajes. Y, si un mensaje no se emite con claridad, va deformándose al transmitirse de una a otra persona.
Comprobémoslo a través de este juego en el que cada uno recibirá un mensaje secreto (dicho al oído en forma de murmullo) de un compañero y se lo transmitirá a otro. Se juega así:

• Formen una ronda, sentados en el piso.
• Elijan cuál de ustedes iniciará el juego.
• Quien inicie el juego formulará para sí un mensaje y lo escribirá en un papel (oculto a la vista de los demás). Luego, en forma secreta le transmitirá ese mensaje a su compañero de la derecha mediante un susurro.
• El que reciba el mensaje procederá de igual forma. Así, sucesivamente, el mensaje pasará de uno a otro, hasta volver al que lo formuló, el cual dirá en voz alta el mensaje que recibió y el que escribió en el papel.

Ahora, los invitamos a debatir:
• ¿Hay diferencias entre el primero y el último mensaje?
• ¿A qué se deben esas diferencias?
¿Se animan a reconstruir el mensaje que recibió cada uno de ustedes?
• ¿Qué conclusión pueden extraer para aplicar a la comunicación diaria y a un diálogo fecundo?
• ¿Cómo pueden evitar el "teléfono descompuesto"?

LEEMOS UN POEMA

Lean el siguiente poema y coméntenlo entre todos:

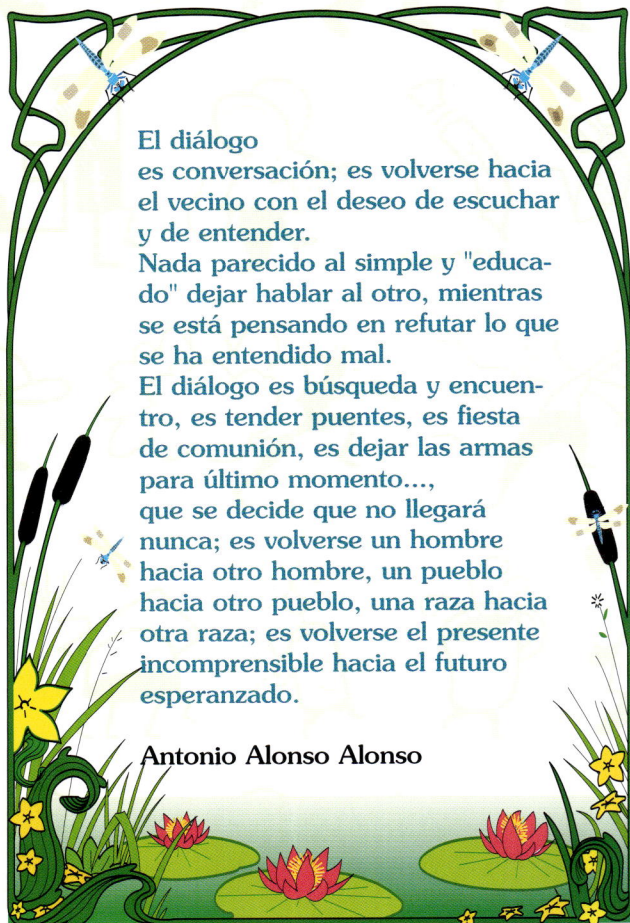

El diálogo
es conversación; es volverse hacia
el vecino con el deseo de escuchar
y de entender.
Nada parecido al simple y "educa-
do" dejar hablar al otro, mientras
se está pensando en refutar lo que
se ha entendido mal.
El diálogo es búsqueda y encuentro, es tender puentes, es fiesta
de comunión, es dejar las armas
para último momento...,
que se decide que no llegará
nunca; es volverse un hombre
hacia otro hombre, un pueblo
hacia otro pueblo, una raza hacia
otra raza; es volverse el presente
incomprensible hacia el futuro
esperanzado.

Antonio Alonso Alonso

LLEGUEMOS A UN ACUERDO, DIALOGANDO

En la vida cotidiana es frecuente que los seres humanos se enfrenten con situaciones de
conflicto. El diálogo ofrece la posibilidad de
resolver esas cuestiones pacíficamente.
Los invitamos a compro-
barlo a través de la
siguiente experiencia:

Imaginen que cualquiera
de ustedes realiza un
viaje en un globo
aerostático, llevando los
siguientes elementos:

• un abrigo de lana,
• un botiquín de primeros
  auxilios,
• un perro,

• una caja de herramientas,
• una canasta con alimentos,
• un largavista.

En medio de la travesía, el globo comienza a
perder altura y se hace necesario disminuir la
carga, arrojando cuatro elementos. ¿Cuáles
arrojarían? ¿En qué orden lo harían?

• Cada uno escribe los elementos en el orden
  en que los arrojarían.

• Luego, en grupo, comparen los resultados e
  intercambien los fundamentos y las razones
  de tal elección.

A través del diálogo, entre todos deben llegar
a una coincidencia y confeccionar una lista
única. ¿De acuerdo?

ÚLTIMA REFLEXIÓN

La falta de comunicación en la familia, en la escuela, con los vecinos, entre los pueblos provo-
ca desencuentros, discordias, enfrentamientos,
peleas, ¡guerras!
Si cada uno de nosotros aprendiera a ponerse
en el lugar del otro, a escuchar y a fundamen-
tar sus propios puntos de vista, la vida resulta-
ría menos conflictiva, más llevadera y mucho
más digna. ¿Qué opinan ustedes?